# Inhalt

**Die Bausparkassen im Frühjahr 2006 - positive und negative Trends überlagern sich!**

Kernthesen

Beitrag

Fallbeispiele

Weiterführende Literatur

Impressum

# Die Bausparkassen im Frühjahr 2006 - positive und negative Trends überlagern sich!

*T. Trares*

## Kernthesen

- Die Bausparkassen befinden sich im Frühjahr 2006 in einer ambivalenten Situation: Einerseits belasten die schwache Bautätigkeit sowie der sich verschärfende Wettbewerb unter den Finanzdienstleistern. Andererseits dürften die Bausparkassen von der sich abzeichnenden Zinswende, wie auch von Vorzieheffekten aufgrund der für 2007 geplanten Mehrwertsteuererhöhung profitieren.

- 2005 hat der Marktführer Schwäbisch Hall neue Rekordwerte bei Ergebnis und Neugeschäft erzielt und den Marktanteil weiter ausgebaut. Die Nummer 2 der Branche, die BHW, ist dagegen tief in die Verlustzone gerutscht.
- Generell profitiert der Bausparer bei Abschluss eines Bausparvertrages von günstigen Darlehenszinsen und einer hohen Planungssicherheit. Experten raten aber, vor der Zuteilung des Darlehens den Effektivzinssatz der Bausparkasse mit dem Hypothekenzins bei den Banken und Sparkassen zu vergleichen.

# Beitrag

Das Jahr 2005 war bei den Bausparkassen eher von Gegenwind geprägt. Der Rückgang der Wohnungsbaugenehmigungen sorgte für ein zähes Neugeschäft. Für das laufende Jahr zeigt sich die Branche moderat zuversichtlich.

# Politische Weichenstellungen könnten Geschäft beleben

Die 2007 anstehende Mehrwertsteuererhöhung

könnte über Vorzieheffekte eine höhere Nachfrage auslösen. Unklar ist noch, wie sich der Wegfall der Eigenheimzulage auswirken wird. Der nun höhere Eigenkapitalbedarf für die Immobilie könnte auch das Bauspargeschäft beleben. Für einen langfristig positiven Effekt würde die Bundesregierung sorgen, wenn sie Wohneigentum stärker in die Altersvorsorge einbezieht. Entsprechende Vorschläge liegen bereits auf dem Tisch. (1), (12)

## Stagnierender Wohnungsbau und steigender Wettbewerb belasten

Allerdings wird die Flaute am Bau weiter den Bausparkassen zu schaffen machen. Bereits 2004 hat die Einlagen- die Darlehenssumme übertroffen. Die Bauspareinlagen beliefen sich auf 114 Milliarden EUR und die -darlehen auf 109 Milliarden EUR. Zudem war der Bausparkredit in jüngster Zeit wegen der günstigen Marktzinsen oft teurer als vergleichbare Hypothekendarlehen von Banken, Sparkassen oder Direktbanken. Die Folgen liegen auf der Hand: Für die Bausparkassen gewinnt der Konkurrenzkampf zunehmend an Schärfe. Hinzu kommt, dass wegen der Krise im Wohnungsbau der Baufinanzierungskuchen immer kleiner wird. Um im Wettbewerb zu bestehen, spielen für die

Bausparkassen Vertrieb und Produktangebot eine immer wichtigere Rolle. (9), (5), (1)

## EZB kommt Bausparkassen entgegen

Die Bausparkassen könnten aber von der sich abzeichnenden Zinswende profitieren. So hat die Europäische Zentralbank (EZB) in den vergangenen Monaten in zwei Schritten den Leitzins von 2,0 auf nun 2,5 Prozent erhöht. Grund genug für die Bausparkassen, mit ihren festgezurrten Zinsen für Darlehen zu werben: Von einer "Versicherung gegen Zinserhöhungen" spricht die Badenia; die "Sicherheit der Zinsen" hebt Schwäbisch Hall hervor, die Landesbausparkasse West betont: "Die Finanzierungskosten Ihrer Immobilie bleiben kalkulierbar." (4)

## Für wen ist Bausparen interessant?

Das Bauspar-Prinzip funktioniert in zwei Stufen: Zunächst überweist der Bausparer über mehrere

Jahre monatlich zwischen drei und zehn Promille der vereinbarten Bausparsumme an die Bausparkasse (Ansparphase). Hat er schließlich etwa 40 Prozent der Bausparsumme angesammelt, kann er sich den Restbetrag als Bausparkredit auszahlen lassen (Darlehensphase). Der Darlehenszins ist besonders günstig, von Anfang an fest vereinbart und von Zinsschwankungen am Kapitalmarkt unabhängig. Dies garantiert dem Bausparer hohe Planungssicherheit. Diesen Vorteil erkauft man sich dadurch, dass man in der Ansparphase entsprechend geringere Guthabenzinsen erhält als auf dem freien Markt.

Derjenige, der erst in einigen Jahren bauen oder kaufen will, sollte sich die niedrigen Zinsen von heute sichern. Denn viele Kapitalmarktexperten erwarten in den kommenden Jahren steigende Zinssätze. Andererseits sind bei den derzeit niedrigen Marktzinsen Baukredite von Banken oft günstiger als das Bauspardarlehen. Meist lohne sich dann nur für niedrige Bausparsummen, zum Beispiel für Hausmodernisierungen, ein Bausparvertrag. Tipp: Steht die Zuteilung des Darlehens bevor, sollte sich der Kunde den Effektivzinssatz der Bausparkasse errechnen lassen und ihn mit Bankkrediten vergleichen. Die Bauspar-Zinssätze reichen derzeit von 2,34 Prozent (Schwäbisch Hall Spezial) bis 6,08 Prozent (Aachener Standard-Tarif). Für den

Bausparvertrag spricht auch, dass bei einer nachrangigen Grundbuchabsicherung keine Zinsaufschläge fällig werden. Auch Sondertilgungen sind jederzeit möglich. Zudem kann der Bausparvertrag für Anleger interessant sein. Einzelne Kassen bieten spezielle Rendite-Tarife (Schwäbisch Hall, Signal Iduna).
[(5)](), [(11)](), [(13)]()

# Fallbeispiele

Der Marktführer Schwäbisch Hall hat für 2005 neue Rekordwerte und eine Steigerung des Marktanteils auf 26,5 Prozent gemeldet. Das Neugeschäft stieg um 11,8 Prozent auf 27,8 Milliarden EUR. Damit übertraf Schwäbisch Hall das etwa neun Prozent betragende Wachstum des gesamten Bausparmarktes deutlich. Der Marktanteil in Deutschland liegt nun bei 26,5 Prozent. Insgesamt erreichte die Geschäfts- und Vertriebsleistung 44,8 (38,6) Milliarden EUR. Auch für das laufende Jahr zeigte sich der inzwischen zum Konkurrenten Wüstenrot gewechselte Ex-Vorstandsvorsitzende Alexander Erdland zuversichtlich. "Wir sehen uns für die aktuellen Herausforderungen des Finanzdienstleistungsmarkts wie Produktangebot, Vertrieb, Markenkommunikation und Processing auf dem richtigen Weg", sagte Erdland. (6),

Die inzwischen zur Postbank gehörende BHW-Gruppe ist 2005 tief in die Verlustzone geraten. Die mit einem Marktanteil von elf Prozent zweitgrößte Bausparkasse weist einen Verlust von 291 Millionen EUR aus nach einem Gewinn von 67 Millionen EUR im Vorjahr. BHW begründet den Fehlbetrag mit den hohen Aufwendungen zur Entflechtung der maroden Frankfurter Hypothekenbank AHBR. Aber auch ohne Einmaleffekte ist die BHW ins Minus gerutscht: Operativ steht ein Verlust von 28 Millionen EUR zu Buche. Im Kerngeschäft mit der privaten Baufinanzierung ging der Vorsteuergewinn um 26 Millionen EUR auf 186 Millionen EUR zurück. Vorstandschef Henning Engmann will die BHW "nach einer Integrations- und Restrukturierungsphase schon bald zur alten Ertragskraft zurückführen". (7)

Die zum Finanzdienstleistungskonzern Wüstenrot & Württembergische AG (W & W) gehörende Wüstenrot Bausparkasse AG bezeichnet zwar die Entwicklung im Geschäftsjahr 2005 als zufrieden stellend, doch das Bausparneugeschäft blieb deutlich unter den Vorjahreswerten. Für 2006 zeigte sich Vorstandsvorsitzender Klaus W. Rösch in einem ersten Rück- und Ausblick zuversichtlich. Er erwartet eine Steigerung des Bausparneugeschäfts und der Baufinanzierung um jeweils rund vier Prozent sowie eine stabile Ertragslage. Wüstenrot ist mit einem Marktanteil von neun Prozent drittgrößte Bausparkasse in Deutschland. (8)

Die Allianz-Dresdner-Bauspar AG in Bad Vilbel, Nummer fünf unter den Bausparkassen in Deutschland, hat das Geschäftsjahr 2005 mit neuen Rekorden abgeschlossen. Das Neugeschäft des Bausparunternehmens der Allianz-Gruppe wuchs um knapp 13 Prozent auf 3,37 Milliarden EUR. Damit übertraf das Institut sogar das bisherige Ausnahmejahr 2003. Im Neugeschäft gab es einen Zuwachs von 1,2 Prozent auf 2,84 Milliarden EUR. (2)

Die zur Generali-Gruppe gehörende Deutsche Bausparkasse Badenia in Karlsruhe erzielte 2005 einen Jahresüberschuss von 36,6 Millionen EUR nach 18, 1 Millionen EUR im Jahr zuvor. Für 2006 rechnet der Badenia-Vorstandsvorsitzende Dietrich Schroeder mit einem moderaten Wachstum im Neugeschäft und bei den Finanzierungen. Das Ergebnis bestätige die Richtigkeit der neuen Unternehmenspolitik, die Kunden- und Ertragsorientierung vor reines Volumendenken beim Neugeschäft oder die Vergrößerung der Marktanteile stelle. Die Umsetzung der neuen Strategie führte 2005 erwartungsgemäß zu einem geringeren Neugeschäft. So verzeichnete die Bausparkasse 2005 ein eingelöstes Neugeschäft von 140 602 (178 252) Verträgen über eine Bausparsumme von 2,70 (3,34) Milliarden EUR. Der Geldeingang insgesamt erreichte 1,46 Milliarden EUR. (3)

# Weiterführende Literatur

(1) Bausparkassen spiegeln Bauflaute wider Branchenführer Schwäbisch-Hall und BHW mit höherem Neugeschäft - DB Research sieht rückläufigen Trend
aus Börsen-Zeitung, 21.01.2006, Nummer 15, Seite 4

(2) Bausparrekord bei Dresdner-Allianz
aus Frankfurter Allgemeine Zeitung, 27.03.2006, Nr. 73, S. 19

(3) Bausparkasse Badenia hat den Turnaround geschafft Überschuss verdoppelt - Geringeres Neugeschäft
aus Börsen-Zeitung, 16.03.2006, Nummer 53, Seite 6

(4) Stimpel, Roland, Mehr Schulden machen, WW NR. 009 VOM 23.02.2006 SEITE 138
aus Börsen-Zeitung, 16.03.2006, Nummer 53, Seite 6

(5) Bröcker, Michael, Für viele Häuslebauer ist Bausparen der günstigste Weg zum Eigenheim, Rheinische Post Nr. vom 04.02.2006

aus Rheinische Post Nr. vom 04.02.2006

(6) Schwäbisch Hall baut Marktanteil weiter aus
Bausparkasse erzielt Rekordergebnisse bei
Neugeschäft und Ergebnis - Optimistische
Erwartungen
aus Börsen-Zeitung, 24.01.2006, Nummer 16, Seite 4

(7) BHW erwirtschaftet hohen Verlust
aus Frankfurter Allgemeine Zeitung, 30.03.2006, Nr. 76, S. 17

(8) Wüstenrot will Bauspargeschäft ankurbeln
Rückgang im abgelaufenen Jahr - Dennoch mit
Ergebnis zufrieden - Weitere Geschäftsoptimierung
aus Börsen-Zeitung, 13.01.2006, Nummer 9, Seite 4

(9) Bausparkassen sind gefordert
aus Börsen-Zeitung, 11.03.2006, Nummer 50, Seite 8

(10) Fürs Alter vorsorgen mit Immobilien
aus Rheinische Post Nr. vom 29.03.2006

(11) Stocker, Frank, Bausparverträge sind sinnvolle
Finanzierungs- und Sparmodelle, Welt am Sonntag,
12.03.2006, Nr. 11, S. 39
aus Rheinische Post Nr. vom 29.03.2006

(12) Hilfe für Häuslebauer mit Riester
aus Handelsblatt Nr. 041 vom 27.02.06 Seite 4

(13) O.V., Bausparen - Günstig wie nie zuvor, FOCUS-MONEY, 18.01.2006, Ausgabe 04, S. 040

aus Handelsblatt Nr. 041 vom 27.02.06 Seite 4

# Impressum

## Die Bausparkassen im Frühjahr 2006 - positive und negative Trends überlagern sich!

**Bibliografische Information der deutschen Nationalbibliothek**

Die Deutsche Nationalbibliothek verzeichnet diese Publikation in der deutschen Nationalbibliografie; detaillierte bibliografische Daten sind im Internet über http://dnb.d-nb.de abrufbar.

ISBN: 978-3-7379-0570-1

© 2015 GBI-Genios Deutsche Wirtschaftsdatenbank GmbH, Freischützstraße 96, 81927 München, www.genios.de

Alle Rechte vorbehalten. Dieses Werk ist einschließlich aller seiner Teile – z.B. Texte, Tabellen und Grafiken - urheberrechtlich geschützt. Jede Verwertung außerhalb der Grenzen des Urheberrechtsgesetzes bedarf der vorherigen Zustimmung des Verlags. Dies gilt insbesondere auch für auszugsweise Nachdrucke, fotomechanische

Vervielfältigungen (Fotokopie/Mikroskopie), Übersetzungen, Auswertungen durch Datenbanken oder ähnliche Einrichtungen und die Einspeicherung und Verarbeitung in elektronischen Systemen.